HUIT ANNÉES

DE

POLITIQUE IMPÉRIALE

(1860-1868)

PAR

HENRY MERLIN

Prix : 1 Franc.

PARIS

ARMAND LE CHEVALIER, LIBRAIRE-ÉDITEUR

Rue de Richelieu, 61

1868

AU LECTEUR

Cette brochure est le complément de celle que j'ai publiée, il y a un mois, chez Dentu, ayant pour titre : *L'Empire et ses principes financiers*. Je dis qu'elle en est le complément, parce qu'il ne suffit pas, pour juger un gouvernement, de faire connaître ses actes financiers, il faut aussi faire connaître ses actes politiques.

C'est à cette dernière tâche que je me suis livré dans cette seconde brochure. A ceux qui s'étonneraient que je l'aie entreprise, je répondrai que je crois que le moment est venu où il faut que chaque citoyen contribue, dans la mesure de ses forces et de ses moyens, quelque faibles qu'ils soient, à l'éducation politique du pays.

C'est aussi à la jeune génération dont je fais partie que j'adresse ces paroles. L'utilité puisse-t-elle lui en être démontrée, afin de la convaincre !

Henry MERLIN.

1er octobre 1868.

LETTRE A UN ÉLECTEUR RURAL

HUIT ANNÉES

DE

POLITIQUE IMPÉRIALE

(1860-1868)

Mon cher ami,

Tu m'écris du fond de ta campagne, heureux homme des champs, à moi « citadin » pour me demander « ce que l'on pense dans la grande ville de la politique du gouvernement et comment on la juge. » Tu es bien aise, dis-tu, de savoir ce qui se dit à Paris pour en faire ton profit à l'occasion des prochaines élections, et user de l'influence si légitime et si grande que tu as acquise sur les électeurs de ton canton.

Je t'avoue que ta lettre m'a vivement surpris, notre correspondance qui avait été si fréquente autrefois, s'était beaucoup refroidie depuis quelques années, tu avais approuvé des actes que je ne pouvais que condamner et je me rappelle encore la vivacité de tes paroles à la dernière visite que je te fis à.... C'était en 1860, tu avais réuni à ta table plusieurs autorités, tu étais au mieux avec elles à cette époque; la théorie des amis du premier et du second degré n'existait pas encore. La conversation roula bientôt sur la politique, et t'adressant au maire qui était à ta droite tu lui dis, en me désignant : « Je vous présente un de mes amis qui ne s'est pas rallié au Gouvernement et qui continue à lui faire de l'opposition.

Ce n'est pas étonnant, ajoutais-tu, c'est un Parisien, autant dire un incorrigible. N'a-t-il pas voté pour M. Picard, vous savez, M. Picard, un de ces cinq députés, nommés à Paris aux dernières élections, qui se sont mis en tête de ne pas approuver tous les actes du Gouvernement et de former un parti de l'opposition ! Ils ont la folle espérance de croire que leur nombre s'augmentera. »

« Ils disent qu'une nation ne doit pas cesser de s'occuper de ses affaires et renoncer à la prépondérance qu'elle doit exercer, par l'intermédiaire de ses députés, sur la politique et les finances du pays. Voilà les théories de ces Parisiens, mais ce ne sont pas nos provinces et nos campagnes qui leur enverront des adeptes, ajoutais-tu, elles soutiendront toujours l'Empire et empêcheront ces Parisiens d'avoir le dessus. » Quand tu eus achevé, je me bornai à te répondre : « mon cher, je ne veux point entamer de discussion politique chez toi, pendant que je suis ton hôte, mais je n'accepte pas tes sarcasmes; encore quelques années et nous verrons qui de nous deux a raison ; je te donne rendez-vous d'abord aux prochaines élections de 1863, mais surtout à celles de 1869. Tu viens de te prévaloir du suffrage des électeurs des campagnes pour appuyer tes opinions, c'est aussi sur eux que je compte pour le triomphe des miennes. Oui, je te le répète, la politique de l'Empire, depuis 1852, quelque brillante qu'elle puisse te paraître (c'était en 1860), n'a nullement modifié ma manière de voir et je persiste à rester convaincu que les Gouvernements absolus ne sont plus de notre temps, qu'il est nécessaire, dans l'intérêt des peuples, dans l'intérêt de leur commerce, de leur industrie, de leurs finances, que les affaires publiques soient élaborées et discutées au grand jour de la publicité et non dans le silence du cabinet. Tôt ou tard la France regrettera d'avoir abandonné ces principes et insistera pour que la direction de sa politique et de ses finances soit rendue à ses députés, c'est-à-dire aux mandataires choisis par elle dans les élections générales. »

Huit années se sont écoulées depuis cette conversation, et aujourd'hui tu m'écris que décidément j'étais dans le vrai et que les affaires auraient mieux marché si les conseils de l'opposition avaient été écoutés et suivis. Aussi es-tu bien près, je le vois, de ne plus voter pour les candidats officiels.

Tu as raison de le dire : les élections prochaines des députés auront une importance extrême pour la France. Il ne servirait à rien de le dissimuler, le Gouvernement est engagé dans une voie pleine de périls. En te remettant sous les yeux ses principaux actes politiques depuis huit ans, j'espère t'en convaincre.

POLITIQUE EXTÉRIEURE

Après avoir entrepris la guerre d'Italie, sans que la nécessité en soit bien manifeste, et avoir annoncé son affranchissement des Alpes jusqu'à l'Adriatique, il s'est arrêté en route et n'a exécuté que la moitié de ce programme. Loin de nous de le blâmer d'avoir fait la paix, en présence des difficultés que notre armée allait rencontrer dans le quadrilatère autrichien ; mais il est fâcheux que ces mêmes difficultés, il ne les ait pas prévues et ne s'en soit pas rendu compte six semaines auparavant, ce qui lui eût évité d'énoncer publiquement un programme destiné à rester inachevé si peu de temps après l'avoir proclamé, ce qui porte toujours atteinte au prestige d'un gouvernement et atténue l'effet de ses victoires. C'est, de plus, l'incomplète exécution de ce programme qui a empêché l'Italie de se constituer virilement et a été cause de sa faiblesse.

Le Gouvernement français ayant laissé déchirer avec une facilité incompréhensible, le traité de Zurich, le Gouvernement italien s'est trouvé exposé non-seulement aux animosités des princes déchus, de leurs partisans, parmi lesquels il faut compter le Vatican et le roi de Naples qui n'était pas encore renversé, mais encore aux exigences impérieuses et puissantes du parti unitaire qui ne recevait que demi-satisfaction. Pour être accepté par la diplomatie et être reconnu par les puissances établies, il lui était interdit de donner franche satisfaction aux idées unitaires qui étaient empreintes d'esprit révolutionnaire, et, pour être populaire en Italie, et asseoir sa dynastie, il était impérieusement commandé au roi *galantuomo* de se mettre à la tête des idées avancées. Victor-Emmanuel s'est trouvé ballotté entre ces deux partis si opposés, et c'est en voulant leur donner satisfaction tour à tour, que le Gouvernement italien n'a fait que des mécontents, a usé son prestige et son crédit et qu'il se voit à la veille d'être englouti par la banqueroute. On peut ajouter que le trône de Victor-Emmanuel est moins solidement assis actuellement qu'il ne l'était en 1859, 1860.

De plus, le Gouvernement impérial qui avait paru, à cette même époque, et encore, quelques années plus tard, lors de l'invasion des provinces pontificales par l'armée italienne, faire peu de cas de la chute du pouvoir temporel et avait ainsi fourni de légitimes sujets de mécontentement au parti catholique en France, s'est ravisé depuis et a modifié sa ligne de conduite; nous avons vu l'année dernière une expédition de troupes françaises voler en trois jours au secours du Pape qui était menacé par les volontaires italiens, et occuper les principaux points du territoire pontifical, occupation qui dure encore malgré les promesses contraires.

L'Italie ne peut donc être reconnaissante à notre Gouvernement de services dont les suites et les conséquences lui ont été plus nuisibles qu'utiles. Aussi ne faut-il pas s'étonner qu'elle se soit alliée, il y a deux ans, à la Prusse, alliance qui a contribué indirectement aux succès de cette puissance et, par cela même, à l'amoindrissement de notre situation politique en Europe.

Le Gouvernement impérial s'est ainsi exposé, par sa politique indécise, et contradictoire, à se créer un adversaire dans la puissance qu'il a engendrée et qui, dans le principe, devait être une alliée. Pour arriver à ce résultat, il n'était pas nécessaire de sacrifier nos hommes et notre argent!

Passons à l'expédition mémorable du Mexique, mémorable par ses conséquences désastreuses. Entreprise pour obtenir (c'était le prétexte) quelques millions en réparation des dommages causés à nos nationaux, cette expédition est devenue une véritable guerre contre l'indépendance de ce pays. C'est alors que l'Angleterre et l'Espagne qui nous avaient assistés, au début de la campagne, lorsqu'il ne s'agissait que de réparations à obtenir, nous abandonnèrent, nous laissant courir seuls les chances d'une guerre dont ils prévoyaient l'issue malheureuse et à laquelle ils ont eu l'habileté de se soustraire; c'est, après l'échec du général Lorencez devant Puebla, et lorsque nos troupes renforcées par les régiments envoyés de France et d'Afrique, purent s'emparer de Mexico, que le Gouvernement français, malgré les protestations contraires du Chef de l'État apportées à la tribune du Corps législatif, par M. Billault (1), résolut de fonder un Empire du Mexique et offrit la

---

(1) M. Billault, ministre d'État, prononçait le 7 février 1863, devant le Corps législatif, les paroles suivantes :

« L'Empereur, dans sa lettre au général Lorencez, écrivait ces nobles

couronné à un frère de l'Empereur d'Autriche, ce monarque que nous venions trois ans auparavant, de battre et vaincre à Magenta et à Solférino, et à l'amour-propre duquel nous avions porté une si rude atteinte en lui conquérant la Lombardie.

C'est alors, dis-je, qu'on offrit, à ce prince, nommé Maximilien, de se faire couronner Empereur du Mexique. Il était marié à une femme ambitieuse, il avait des dettes. Pourquoi n'aurait-il pas accepté? Aussi était-ce avec dessein qu'on l'avait choisi. Tout autre eût refusé.

Cet empereur aux yeux d'azur et aux cheveux d'or (1) (selon l'expression de l'honorable M. Corta), s'embarque à Trieste pour le Nouveau-Monde, après avoir reçu l'assurance qu'on l'aidera à consolider son pouvoir, en lui fournissant hommes et argent. Un emprunt était émis sous les auspices du Gouvernement qui déploya tous ses efforts pour le faire réussir. Ce fut en vain. Pendant ce temps, la guerre civile continuait au Mexique, et Maximilien ne régnait que sur une faible partie du territoire mexicain. Nos troupes se portaient d'un point à un autre, procédant à des exécutions sommaires vis-à-vis des indigènes. Mais l'apaisement n'était que temporaire, et, nos soldats éloignés, l'insurrection recommençait. Un second emprunt qui avait mieux réussi que le premier, grâce aux attraits et séductions de la loterie, était dévoré. Un troisième eût échoué certainement, en présence des dispositions de l'opinion publique qui ne cessait de s'élever de jour en jour davantage contre cette guerre. En présence de ces difficultés insurmontables, l'Empereur, se souvenant peut-être aussi de la guerre d'Espagne qui avait été si funeste à son oncle, rappela les troupes françaises.

C'était la chute inévitable de Maximilien. En effet, cet in-

---

paroles que vous avez applaudies : « Il est contre mes intérêts, mon origine et mes principes, d'*imposer* un gouvernement quelconque au peuple mexicain : qu'il choisisse en *pleine liberté* la forme qui lui convient. »

(1) M. Corta, dans un discours, prononcé au Corps législatif, le 10 avril 1865, s'est exprimé ainsi : « Aux yeux des Indiens, c'est-à-dire de la grande majorité, l'empereur Maximilien était l'homme de la prédiction, l'homme venu d'Orient, aux cheveux d'or et aux yeux d'azur » Plus loin il ajoute que Maximilien « était sacré d'avance par l'assentiment universel des peuples sur lesquels il était appelé à régner. » L'avenir a suffisamment démontré la justesse de ces paroles.

fortuné prince, lâchement trahi par un de ses généraux, était fusillé quelques jours après l'embarquement de nos derniers soldats.

L'histoire jugera, comme elle le mérite, cette lamentable expédition, entreprise contre le gré du pays, qui nous a coûté des milliers d'hommes et des centaines de millions, et qui s'est terminée par un drame et un échec pour notre prestige moral dans ces contrées lointaines.

C'est pendant que nos troupes étaient engagées au Mexique, que se souleva la Pologne. Cette insurrection qui surgissait à contre-temps pour notre gouvernement, ne pouvait cependant le laisser indifférent, à cause de l'importance qu'elle paraissait prendre, et de la sympathie que la cause polonaise a toujonrs rencontrée en France.

Des négociations diplomatiques furent engagées de concert avec l'Angleterre et l'Autriche pour obtenir de la Russie qu'elle accordât satisfaction aux Polonais, et qu'elle se relachât de ses rigueurs cruelles à leur égard. On se souvient comment le prince Gortschakoff accueillit ces démarches, et de quel ton acerbe et ironique il réfuta les propositions faites par notre gouvernement (1). Nous subîmes en silence cet échec diplomatique.

Le gouvernement impérial qui avait été si prompt à vouloir porter secours à la Pologne, refusa, quelques mois après, d'assister le Danemarck dans le différend qui s'était élevé entre lui et les puissances allemandes, la Prusse et l'Autriche. Tout le monde sait que cette question eût pu être apaisée, sans coup férir, par une intervention diplomatique, faite avec opportunité, de concert avec l'Angleterre qui était toute disposée à s'y associer.

En agissant ainsi, le gouvernement eût empêché la guerre d'éclater, et évité la situation qui lui a été faite par les événements de 1866 qui ne sont que la conséquence de la guerre des duchés.

------

(1) Le prince Gortschakoff, dans sa dépêche au baron de Budberg, publiée au *Moniteur* du 22 juillet 1863, affirme que « l'un des principaux foyers de l'agitation polonaise se trouve à Paris même, » qu'il aime à croire que le gouvernement français « ne permettra pas qu'on fasse abus de son nom au profit de la révolution en Pologne et en Europe, » et termine en refusant d'accéder à la proposition d'une conférence destinée à résoudre la question polonaise.

C'est en effet, en revenant du Mexique, que la question allemande, qui couvait depuis quelque temps, fit explosion. Le cabinet prussien, dirigé par un ministre habile et ambitieux, hésitait encore avant d'entrer en lutte avec l'Autriche, lorsque l'Empereur écrivit la lettre du 11 juin 1866, où il déclarait « la situation géographique de la Prusse mal délimitée » (1).

M. de Bismarck n'en espérait pas tant, aussi, sa décision fut-elle vite prise. La guerre éclata : on en connaît les résultats foudroyants que notre gouvernement ne prévoyait guère, en laissant, quelques mois auparavant, l'Italie s'allier à la Prusse contre l'Autriche, ce qui forçait cette dernière puissance à diviser ses forces, ayant à subir la lutte au nord et au midi.

Sadowa et « les angoisses patriotiques » resteront célèbres, et l'Empire regrettera longtemps la politique qu'il a suivie dans cette question, qui a permis à la Prusse d'ébranler l'Empire d'Autriche jusque dans ses fondements, et de se dresser menaçante contre la France. Notre armée était désorganisée, il fallait subir en silence la rupture de cet équilibre européen, qui, selon une parole auguste, ne devait pas s'accomplir « sans l'assentiment de la France. »

Mais, devant ce nouvel ordre de choses, il fallait aviser à réorganiser notre armée sur de nouvelles bases, pour qu'elle fût en mesure de résister à la Prusse, en cas de guerre, et combattre avec succès.

Un nouveau ministre de la guerre fut nommé, le maréchal Niel, officier de grande réputation, jouissant de l'estime générale, et qui s'est montré excellent administrateur. Nos troupes ont été armées, par ses soins, de fusils d'un nouveau modèle, dits Chassepot, qui sont supérieurs, paraît-il, aux fusils à aiguilles ; on a inventé les mitrailleuses, et, enfin, une garde nationale mobile a été organisée, au grand désespoir des paisibles citoyens français, qui se croyaient exemptés de tout service militaire, puisqu'ils avaient satisfait à la conscription et qu'ils avaient reçu leur certificat de libération.

Et c'est ainsi que, depuis deux ans, l'Europe reste inquiète, se

---

(1) Lettre de l'Empereur au ministre des affaires étrangères, publiée au *Moniteur* du 13 juin 1866.

Dans cette lettre, l'Empereur disait aussi qu'il voulait pour l'Autriche « le maintien de sa grande position en Allemagne. » On sait que l Prusse n'en a point tenu compte.

ruine en armements excessifs, et craint chaque jour que la guerre n'éclate entre la France et la Prusse. Oui, depuis deux ans, le commerce, l'industrie, les affaires, en un mot, qui sont, à l'époque où nous vivons, la vie d'une nation, n'ont point de lendemain et ne peuvent compter sur aucune sécurité.

Les nombreuses et fréquentes protestations pacifiques faites par nos gouvernants, ne peuvent dissiper cette inquiétude et laissent le public incrédule. Il aimerait mieux qu'on lui parlât moins souvent de la paix et qu'on fît moins d'armements, car l'un et l'autre se contredisent, et il est tenté de s'écrier comme le général Menabrea : « on parle trop de paix pour y croire. » La parole si souvent écoutée de M. Rouher, son talent très-grand, ne feront pas, quoiqu'il dise, prendre le change à l'opinion publique qui sait parfaitement à quoi s'en tenir, et se rend compte des fautes commises qui ont amené cette situation dont le gouvernement actuel ne peut sortir que par une guerre.

Ce n'est pas quand on s'appelle Napoléon, qu'on a toujours inscrit sur son drapeau : maintien de la prépondérance politique de la France (1) (la guerre de Crimée n'a pas eu d'autre but), qu'on s'est raillé du gouvernement de Juillet, qu'on lui a reproché son amour immodéré de la paix et son peu de souci du prestige de la France en Europe ; ce n'est pas quand on est un gouvernement absolu, qu'on peut laisser amoindrir la situation que la France avait acquise en Europe après les guerres de Crimée et d'Italie, et qu'on peut laisser se créer sur notre frontière, une puissance dont l'ambition ne connait pas de bornes, et qui ne rêve qu'à substituer en Europe son influence à celle de la France ! Il est impossible, je le répète, à un Napoléon d'accepter, sans lutte, une telle situation, sinon il risquerait fort de compromettre et d'ébranler sa popularité. Ce ne serait pas impunément que la somme des humiliations déjà acquises pourrait s'augmenter !

Ne se rendrait-il pas compte (ce qui est inadmissible) de l'amoindrissement causé à la France par les succès de la Prusse, que le besoin de donner satisfaction à l'armée pousserait l'Empereur à faire la guerre. Il ne faut pas oublier que l'armée est une

---

(1) N'es-ce pas la devise des Napoléon? Le fondateur de cette dynastie ne songeait guère, dans le cours de ses victoires, qu'il laisserait un si lourd héritage à porter à ceux de ses descendants qui occuperaient le trône de France.

des plus grandes forces du gouvernement actuel. C'est elle qui a fait réussir le coup d'État; c'est encore chez elle que l'Empereur rencontre le plus de sympathies qu'il a tout intérêt à se conserver; et, infailliblement, il finirait par se les aliéner s'il ne donnait pas satisfaction prochainement aux tendances belliqueuses qui animent nos officiers et nos soldats, et qui se sont manifestées au camp de Châlons. Depuis Sadowa, l'armée attend chaque jour que le signal lui soit donné de se mesurer avec l'armée prussienne. Ne faut-il pas, du reste, essayer les nouveaux fusils et les mitrailleuses?

Bien que celui qui écrit ces lignes soit partisan très-énergique de la paix, et en désire ardemment le maintien, il lui est impossible, cependant, de ne pas voir que tout conspire pour la guerre, et qu'elle lui paraît inévitable.

Tels sont les vrais résultats de la politique extérieure de notre gouvernement depuis huit ans.

POLITIQUE INTÉRIEURE

Si nous passons à ceux de la politique intérieure, nous allons voir qu'ils ne sont guère plus brillants.

Les finances du pays ont été largement prodiguées dans des guerres, d'abord ; puis, dans des armements excessifs. Les budgets ont atteint le chiffre de deux milliards trois cent millions, et se soldent en déficit. La dette consolidée s'est accrue dans de fortes proportions et menace de s'accroître encore. Les emprunts sont à l'ordre du jour aussi bien pour l'État que pour les départements et les villes (1). Un établissement de crédit, créé sous les auspices du Gouvernement, est en proie aux plus grandes difficultés, après avoir englouti une partie de l'épargne de la France (plus d'un milliard) dans des spéculations aventureuses et exagérées. Les capitaux sont drainés dans tous les départements par

---

(1) Voir la brochure du même auteur : *l'Empire et ses principes financiers*, dont celle-ci n'est que la suite, toutes les deux n'ayant, dans l'esprit de l'auteur, d'autre but que de convaincre l'opinion des inconvénients et dangers du gouvernement personnel.

des banques de dépôt qui les convient à des émissions de valeurs plus ou moins sérieuses et leur donnent des goûts de spéculation. Ces capitaux transformés en va'eurs mobilières, sont ainsi détournés des biens fonciers et de l'agriculture. On voit deux établissements, le Crédit foncier et le Crédit agricole, méconnaître le but dans lequel ils avaient été institués, et employer leurs capitaux en opérations de banque et en prêts aux Gouvernements étrangers, au lieu de les confier à l'agriculture qui en a si grand besoin et sur la prospérité de laquelle tout gouvernement doit concentrer ses efforts.

Si l'argent manque à l'agriculture, les bras lui manquent aussi, et ce'a à cause des travaux excessifs entrepris dans les villes. Tout le monde est d'accord sur l'exagération donnée aux travaux des villes, surtout à Paris, et qui présente des inconvénients multiples et tous d'une égale importance. Le premier de tous est l'embarras que cela suscite dans les finances et qui se résout par des emprunts, puis ensuite les capitaux et les bras qui sont, de ce chef, détournés de l'agriculture et qui produisent le surenchérissement de tout ce qui est nécessaire à la vie. Les grandes agglomérations sont nuisibles à l'hygiène, les ouvriers arrachés à l'agriculture (1) retournent difficilement dans les campagnes ou y retournent dans de mauvaises conditions. Ils y importent, au préjudice de la moralité des habitants, des goûts et des habitudes qu'ils ont contractés dans les villes. N'est-ce pas là, je ne dirai pas la cause, mais une des causes du ralentissement qui s'est produit dans la progression de la population en France, ralentissement qui ne peut manquer d'être plus considérable encore avec la nouvelle loi sur l'armée? Et cependant il est de toute nécessité pour notre pays que la population s'accroisse rapidement, comme cela se produit chez nos voisins. En Prusse, la population s'accroit annuellement de 1.30 p. 100, tandis qu'en France la proportion n'est que de 0.35 p. 100. Nous savons que, de l'autre côté de l'Atlantique, la progression est encore plus considérable aux E'ats-Unis. Il y a là une question d'équilibre dont tout le monde sentira l'importance.

J'aborde la question des traités de commerce qui, eux aussi,

---

(1) Les dernières statistiques de M. Legoyt nous apprennent que la population urbaine s'est accrue, en quinze ans, de 24.78 p. 100, tandis que la population rurale a, dans la même période, diminué de 0.59 p. 100.

ont mal réussi au gouvernement. En principe, les traités de commerce, que le gouvernement actuel a conclus, sont favorables au pays, ou du moins, devaient l'être ; mais c'est le contraire qui s'est produit. Et voici pourquoi ; c'est qu'en cela, comme en tout, le gouvernement a péché par son défaut habituel, qui parait être de toucher à tout, de tout modifier, aussi bien dans les grandes questions que dans les petites, sans se préoccuper des conséquences que produiront ces changements, sans faire le nécessaire pour neutraliser les difficultés qui surgissent toujours dans l'exécution de toute modification à l'ordre des choses existant, quelque favorable que soit cette modification. Il suffit souvent de bien peu de chose pour empêcher certaine mesure excellente de réussir. Telle réparation qui, si elle est bien conduite, contribuera à consolider une maison, portera, au contraire, atteinte à sa solidité, si l'architecte ne s'est pas entouré des précautions nécessaires, avant de l'entreprendre.

Cette comparaison est peut-être un peu vulgaire, mais ce sont souvent celles-là qui sont les meilleures, par la raison qu'elles rendent exactement la pensée, et sont à la portée de toutes les intelligences. Donc, dans cette conclusion des traités de commerce, le gouvernement a eu grand tort d'en assumer la responsabilité à lui seul ; il devait consulter les madataires du pays. On ne modifie pas aussi profondément les conditions économiques d'une nation dans le silence du cabinet, surtout d'une façon aussi subite et aussi inattendue ; ces actes-là, comme tous ceux d'un gouvernement, ont besoin de publicité et de discussion.

De cette façon, le pays au moins a le temps de se préparer au changement qui va en résulter ; ce n'est pas une surprise soudaine qui vient assaillir les négociants et commerçants de toutes sortes, et compromettre les résultats engagés. On évite ainsi les ruines, ou du moins, on les atténue en grande partie. Tout danger prévu est à moitié disparu.

C'est justement cette raison qui fait l'avantage des gouvernements représentatifs, et le défaut des gouvernements absolus. L'un est le gouvernement au grand jour, l'autre est le gouvernement à mystères et à surprises.

Le 19 janvier 1867, l'Empereur jugeant que la France, après le Mexique et Sadowa, avait besoin d'être dédommagée, et s'apercevant que l'opposition recrutait chaque jour de nouveaux partisans, résolut d'accorder à la presse et au droit de réunion une plus grande liberté. Du moins, la lettre, publiée au *Moniteur*, le fit espérer, et nul doute que l'Empereur était sincère dans cette résolution. Certes si le Chef de l'État, bien inspiré, avait accepté ce jour-là, les démissions offertes par les ministres Rouher, Baroche, etc., et les eût remplacés par des hommes à idées plus libérales, la France aurait possédé ces deux libertés promises; mais hélas! les ministres restèrent au pouvoir, et M. Rouher qui, une année auparavant, avait vigoureusement fait repousser par les députés de la majorité, l'amendement du tiers-parti qui réclamait ces libertés, fut chargé d'en préparer les projets de loi.

La préparation en fut longue; au bout d'un an, ils furent présentés aux Chambres qui les ont votés, il y a quelques mois, non sans résistance. Ces lois, qui, dans la pensée de l'Empereur, devaient être des lois de liberté, ne paraissent guère l'être dans leur exécution car, depuis qu'elles ont été promulguées, les poursuites ne tarissent point contre les journaux, et se terminent généralement par des condamnations rigoureuses.

La loi sur le droit de réunion aura été inaugurée aussi d'une façon pénible, puisqu'un citoyen s'est trouvé blessé, au sortir d'une réunion qui avait été organisée à Nîmes par un des deux candidats indépendants, aux dernières élections du Gard. Cette réunion, ainsi que celle organisée à Alais, par l'honorable M. de Larcy, semblait s'être tenue dans la légalité et avait toutes les apparences d'une réunion privée, surtout si l'on se rappelle les paroles prononcées au Corps Législatif, le 1er août 1865, par M. Vuitry, ministre président le Conseil d'État (1). Cependant elles ont été poursuivies, considérées par le tribunal, comme réunions publiques, et les auteurs condamnés. Il est à supposer que candidats et électeurs renonceront dorénavant à pratiquer une loi d'une interprétation si diverse, et on peut dire qu'elle est mort-née.

Le gouvernement paraît donc vouloir conserver, malgré les promesses contraires, cette sévérité des premières années, et être peu disposé à tolérer la moindre liberté de parole et d'action. Il a grandement tort, car, l'opposition sera d'autant plus forte qu'on lui résistera davantage; il ne faut pas se faire illusion, toute la jeune génération est opposante, a soif de liberté, et se sent attirée vers ces brillants orateurs qui forment l'élite de l'opposition, et qui sont si rares sur les bancs de la majorité.

---

(1) Voici les paroles de M. Vuitry : « Il appartient à tout citoyen de réunir chez lui ou dans un local privé, des électeurs en aussi grand nombre qu'il voudra, pour s'entendre avec eux sur le choix d'un candidat. »

Il n'est pas jusqu'au suffrage universel dont l'Empereur est issu, qui ne soit altéré dans son expression. Pour faire réussir son candidat, le gouvernement met tout en œuvre, et le fonctionnaire, quel qu'il soit, depuis le préfet jusqu'au garde champêtre, sera disgracié ou mal noté s'il n'a pas contribué de tous ses efforts à faire réussir l'élection du candidat officiel. Aussi, n'y a-t-il pas de meilleur titre à l'avancement pour un fonctionnaire; et les préfets *à poigne* sont très-appréciés au ministère de l'intérieur.

Pourtant, le gouvernement devrait désirer que le Corps Législatif fût composé de députés représentant réellement l'opinion du pays; c'est une condition essentielle pour tout gouvernement. Cependant, s'il fait intimider les électeurs ruraux (et cela est facile)par les gardes champêtres, maires, sous-préfets et préfets, il s'expose à avoir des élections fausses, et des députés qui n'ont obtenu la majorité qu'à l'aide de suffrages imposés par menaces ou autres voies; et il se trouve alors dans la Chambre vis-à-vis d'une majorité qui n'est pas d'accord avec l'opinion publique.

De plus, il arrive ceci, c'est qu'avec la façon arbitraire dont sont composées et remaniées les circonscriptions électorales, les électeurs des villes se trouvent souvent sans représentant réel, leurs votes fréquemment contraires à ceux des électeurs des campagnes, se trouvant annulés par le nombre de ces derniers. M. Prévost-Paradol, à plusieurs reprises, a judicieusement traité cette question importante.

La liberté du suffrage universel est la chose qu'un gouvernement sérieux devrait respecter le plus; du moment que vous déclarez que tout citoyen, illettré ou non, est capable de voter, laissez-le libre de disposer de son vote, et ne prétendez pas lui imposer votre candidat. Qu'est-ce qu'un député? C'est un mandataire élu par les citoyens pour vous contrôler, vous, gouvernement; eh bien! quelle garantie auront les citoyens en nommant un député choisi par vous! Le contrôlé choisissant son contrôleur, c'est inadmissible.

Ce n'est pas à diriger le suffrage universel qu'un gouvernement doit tendre, mais à l'éclairer, et ce résultat ne peut être obtenu que par la diffusion de l'instruction qu'il est nécessaire de faire pénétrer jusque dans les campagnes les plus reculées, et par la liberté de la presse, accompagnée de l'abolition du timbre sur les journaux. Il faut qu'on puisse établir des journaux politiques à un sou, afin qu'ils pénètrent partout et que les électeurs puissent connaître et discuter les moindres actes du Gouvernement livrés à la publicité.

Les journaux partisans du Gouvernement feront valoir le mérite de ses actes, les journaux de l'opposition formuleront leurs critiques et l'électeur rural, alors suffisamment éclairé, pourra voter en connaissance de cause, et déposer un vote sérieux.

Jusque-là, il sera permis aux esprits qui considèrent les choses à leur juste valeur, d'attacher plus d'importance aux votes des électeurs des villes qu'aux votes des électeurs ruraux. Les officieux seuls prétendent le contraire, et pour cause; mais ils ne convainquent personne.

Cette assertion n'a rien d'injurieux pour les populations rurales; c'est simplement une vérité, facile à constater, qu'une grande partie des électeurs des campagnes ignorent souvent les principaux faits de la politique du Gouvernement sur lesquels ils sont ensuite appelés à se prononcer, d'une façon indirecte, par l'élection du député.

Je le répète, il n'y a que l'instruction et les journaux politiques à bon marché qui puissent modifier cet état de choses fâcheux.

Je crois t'avoir résumé brièvement et aussi exactement que possible l'opinion dominante à Paris, et peut-être même en France, sur la politique suivie depuis huit ans par notre Gouvernement, tant à l'intérieur qu'à l'extérieur. Bien que le tableau soit un peu sombre, tu sais qu'il n'y a pas à douter de ma sincérité, que je n'ai pas de sujet préconçu d'hostilité contre l'Empire, que je n'appartiens à aucun parti, si ce n'est à celui de la *liberté et du gouvernement du pays par le pays*. Je vois une génération avec laquelle il va falloir compter, et qui est imbue des mêmes idées, les partis ne se doutent guère à quel point cette génération se préoccupe peu, si ce n'est pour les regretter, des nuances qui les divisent, désireuse qu'elle est de posséder prochainement la vraie liberté. Pour elle, et tu sais qu'il s'agit de *quatre millions* d'électeurs nouveaux, elle n'aspire qu'à la liberté et n'a pas d'autre but.

Quand je dis que la jeune génération si nombreuse et si pleine de vigueur, quoiqu'on dise, ne se préoccupe que pour les regretter, des divisions qui agitent le parti libéral, j'ai l'intention de faire comprendre au parti radical qu'il se fourvoye dans sa propagande actuelle et qu'il risque d'ébranler la puissance de l'opposition, car, messieurs les radicaux, vous ne pouvez contester que votre propagande électorale ne soit une cause de division dans nos rangs, vous la faites dans une très-bonne intention, je n'en doute pas, vous croyez que les résultats de l'union démocratique seront meilleurs pour la cause de l'opposition que ceux de l'union libérale; mais remarquez bien que c'est par le *nombre*, et non par l'uni-

formité des idées et la pureté des doctrines que l'opposition sera forte.
Supposez un instant que l'opposition, dans la chambre actuelle,
n'eût été composée que de purs démocrates ; eût-elle été plus in-
fluente, eût-elle empêché la politique du Gouvernement de suivre
son cours? Certainement non! Supposez, au contraire, qu'elle eût été
plus nombreuse, qu'elle eût compté dans ses rangs trente membres
de plus, ne croyez-vous pas que, dans certaines questions, celle
des libertés surtout, où l'accord existe, elle n'aurait pas obtenu
plus de succès, et fait adopter peut-être certains amendements,
dont la liberté aurait profité?

Nous tous libéraux, démocrates, qui voulons que le pays recou-
vre ses libertés et la direction de sa politique, ne devons donc
viser qu'à faire passer, aux prochaines élections, le plus de
candidats indépendants possible, et, par contre, faire échouer les
candidats officiels. Il ne faut donc pas créer des divisions, mais,
au contraire, s'efforcer d'unir toutes les nuances pour en former
un groupe compact auquel l'administration ne puisse résister et
dont elle ne puisse triompher.

Maintenir en 1869 la coalition qui a existé et si bien réussi en
1863, doit être notre devise. Nous n'avons pas à la regretter ; au
contraire, M. Thiers ne rend-il donc pas à la cause de la liberté
les mêmes services que ses collègues plus avancés ?

En agissant ainsi, nous posséderons certainement à la Chambre
prochaine, soixante à quatre-vingts membres de l'opposition qui
en rallieront d'autres, dans le cours de la session, et nous feront
obtenir la majorité dans bien des circonstances.

Si, au lieu de cela, l'opposition se divise, fait des éliminations,
le nombre actuel de ses membres, au lieu de s'accroître, restera
ce qu'il est aujourd'hui, et ces derniers seront réduits à une opposition platonique. Où sera notre avantage ?

Il y a quantité de gens en France qui, de gouvernementaux
qu'ils étaient, dans les premières années du règne, sont devenus
opposants dans ces dernières années, et sont tout disposés à déposer dans l'urne, en 1869, un vote d'opposition ; mais ils ne le
feront que s'ils ont un candidat en rapport avec leurs idées. Si
vous ne leur présentez que des candidats radicaux, ils s'abstien-
dront ; peut-être même les effaroucherez-vous, et voteront-ils
pour le candidat officiel. Je le répète, où sera donc l'avantage
d'obtenir de tels résultats ?

C'est par l'union libérale que l'édifice de l'opposition s'est élevé ;
laissons-le s'achever par les mêmes moyens, et alors, quand il
sera bien consolidé, que le triomphe de l'opposition sera assuré,

l'union démocratique pourra propager ses principes avec d'autant plus de succès que l'union libérale n'aura plus de raison d'être. L'union libérale, ce n'est pas un parti. c'est un principe de stratégie, c'est une alliance entre tous les partis comme on en voit se former, en cas de guerre, entre deux ou plusieurs nations contre un adversaire commun. Les gouvernements Prussien et Italien n'ont point les mêmes principes ; et, cependant, ils se sont unis en 1866 contre l'Autriche, sachant que cette alliance les rendait plus forts et leur assurait le succès. La coalition formée par l'Europe en 1815 contre Napoléon Ier n'avait pas d'autre raison.

Unissons-nous donc, au lieu de nous désunir. Dans le premier cas, nous serons forts, et nous triompherons ; dans le second, nous serons faibles et battus. Ne songeons qu'à faire échouer les candidats officiels, en votant pour des candidats réellement indépendants, quels qu'ils soient, doués, autant que possible, d'un grand talent de parole, car la puissance et l'influence des orateurs dans une chambre sont incontestables.

Je me suis appesanti sur ces considérations, parce que je voudrais pouvoir convaincre les radicaux qu'ils font fausse route, et, qu'en voulant trop bien faire, ils compromettent les intérêts de notre cause, et qu'ils en seront, comme nous, les victimes. C'est un jeune qui leur parle, qu'ils croient à sa sincérité.

Ainsi, mon ami, si tu partages ma manière de voir et que tu approuves les raisonnements contenus dans cette lettre, use de toute ton influence dans ton canton pour faire voter les électeurs dans le sens que je t'indique. Les électeurs des villes n'ont rien à apprendre et connaissent leur devoir. Ils ont voté en 1863 pour les députés indépendants, ils voteront pour eux encore en 1869 ; mais les électeurs des campagnes sur lesquels s'appuie le gouvernement, se préoccupent malheureusement trop peu de l'élection du député. Ils se passionnent pour le conseiller d'arrondissement, pour le conseiller général, mais pour *monsieur le député*, comme ils l'appellent, cela leur est indifférent ; ils reçoivent le bulletin du candidat officiel qui leur est apporté par le garde champêtre et ils le déposent scrupuleusement dans l'urne, souvent sans même le regarder. Ils ont tort, et l'élection du député est pour eux chose plus importante qu'ils ne se le figurent. En nommant députés des candidats officiels, ils ont permis au Gouvernement de faire l'expédition du Mexique, de prodiguer nos finances, de rendre inévitable la nouvelle loi sur l'armée qui fait de leurs fils des soldats pendant neuf ans, au lieu de sept. Si les électeurs des campagnes avaient, comme ceux des villes, nommé des députés de l'opposition, ces derniers, étant plus nombreux, eussent été plus influents et auraient pu empêcher ces différents actes de se produire.

Et le Gouvernement qui n'aurait pas commis ces fautes, n'en eût été que mieux assis, ce qui me conduit à dire que mieux eût valu pour l'Empire une opposition plus forte et une majorité moins docile.

> Rien n'est si dangereux qu'un ignorant ami,
> Mieux vaudrait un sage ennemi.

Le département du Jura vient de donner un excellent exemple (1). Les électeurs des villes et ceux des campagnes y ont fait cause commune, et ont donné une majorité imposante au candidat de l'opposition, l'honorable M. Grévy. Que dans tous les départements, les électeurs fassent de même, et bien des dangers qui menacent la France seront écartés.

HENRY MERLIN.

P. S. En terminant, je ne puis mieux faire, pour appuyer mes arguments en faveur de l'Union libérale, et de la coalition des partis, que de mettre sous les yeux du lecteur, un extrait des œuvres de Napoléon III, déjà publié par l'*Électeur*, mais dont l'importance est trop significative pour ne pas le reproduire de nouveau :

L'UNION FAIT LA FORCE,

ENSEIGNEMENT HISTORIQUE.

En 1685, le trône d'Angleterre était occupé par un roi qui se nommait Jacques II... Persuadé que les prérogatives de la couronne valaient plus aux yeux de Dieu que le droit des peuples ; que les libertés et la cause pour lesquelles la nation anglaise s'était battue depuis quarante ans, n'étaient chères qu'à un petit nombre de factieux qui corrompaient l'esprit public ; que les institutions, fruits de la Révolution, menaçaient son autorité, il prit

---

(1) Il est bon de remarquer que c'est un des départements où l'instruction est la plus répandue.

la résolution de rétablir par la ruse ou par la force dans toute leur intégrité, les vieux abus, les vielles coutumes et l'ancien dogme.

Pour réussir dans ce perfide projet, il comptait sur l'appui d'une puissance étrangère, sur la *division des partis politiques*, sur l'armée et sur les ressources de son esprit dissimulé.

A cette époque, il y avait dans la nation une apathie générale : les changements qui avaient eu lieu dans le court espace de cinquante ans, avaient usé les caractères, affaibli les croyances et presque détruit l'opinion publique. Les partis, tout en ayant perdu leur première violence, conservaient entre eux leurs anciennes rancunes, et, par leur division, livraient le pays à une secte sans honneur et sans patriotisme.

Cependant la politique de Jacques II lui créait tous les jours de plus nombreux ennemis. A l'intérieur ce n'était qu'arbitraire et corruption ; à l'extérieur ce n'était que faiblesse et lâcheté... Quoique le gouvernement du roi fût en paix avec toutes les puissances, la Grande-Bretagne retentissait de bruits de tambours et de fanfares de guerre ; mais cette armée, qui, sous la République et le Protectorat, avait fait respecter le nom anglais sur tout le continent, ne devait servir aujourd'hui qu'au maintien de la politique la plus honteuse qui eût affligé le pays. En effet, il faut régner ou par la force morale ou par la force brutale. Jacques II choisit ce dernier parti, et il crut qu'avec un parlement complaisant, avec un corps de juges dévoués à la tête desquels étaient Herbert et Jeffreys, avec une armée permanente, il pourrait être maître de l'âme et des corps de ses sujets, c'est-à-dire des lois et des consciences.

... Cependant, malgré l'impopularité toujours croissante du gouvernement du roi, l'esprit national avait tellement dégénéré, qu'il était permis de croire à la réussite de ses projets, si une transformation heureuse ne se fût opérée dans les partis qui divisaient alors l'Angleterre.

Tant que les Anglicans, les Non-Conformistes, les Dissidents, les Whigs et les Torys se firent une guerre fratricide, le pouvoir se fortifia de leur division, et l'opinion publique, sans direction, flotta incertaine, comme un navire sans boussole et sans timonnier. Quoi, en effet, de plus déplorable que de voir des partis s'acharner à une lutte de mots sur des théories mystiques, lorsque au fond ils étaient d'accord sur les grands principes fondamentaux dont l'adoption générale devait assurer l'avenir de la patrie !

Tous les partis devaient s'entendre sur un point ; car tous, excepté celui qui était au pouvoir, voulaient la liberté et la gloire de l'Angleterre, et tous encore reconnaissaient dans la volonté du peuple anglais le juge suprême; dans la libre élection, le moyen qui devait mettre d'accord les enfants d'une même grande famille.

Malheureusement, les partis comme les individus s'accordent plus par une antipathie commune que par une sympathie réciproque; et quoiqu'ils eussent tous au fond du cœur le même amour, ce fut la haine contre un pouvoir antinational qui les rangea sous le même drapeau. Dès lors, la cause de Jacques II fut irrévocablement perdue, et celle du peuple anglais irrévocablement gagnée.

Le roi avait beau se vanter d'être entouré d'hommes qui avaient servi tour à tour : la République, Cromwell et Charles II, ces hommes ne représentaient aucun parti car les transfuges n'emportent jamais leur drapeau. Il n'y eut plus en Angleterre que deux partis : l'un composé des hommes du pouvoir, hommes sans principes, sans conscience, sans nationalité; l'autre, composé de tout ce que le pays renfermait d'hommes dévoués au triomphe de la liberté, de l'indépendance et de la grandeur du pays. Le protestantisme était alors, en Angleterre, le symbole de tous les grands intérêts, et, pour en assurer le triomphe, Puritains ou Anglicans, Républicains ou Monarchistes, *tous s'unirent* contre l'ennemi commun. De cette union sortit, radieuse et pleine d'avenir, la célèbre révolution de 1688. Il avait fallu bien des larmes, bien du sang et surtout bien des années, pour arriver à cet immense résultat, car depuis la Restauration vingt-huit années s'étaient écoulées !

NAPOLÉON III (t. Ier, p. 439).

Cet « *enseignement historique* » se passe de commentaires.

H. M.

Paris, impr. Paul Dupont, rue J.-J.-Rousseau, 41 (Hôtel des Fermes).